Martina Schröder / Marion Vogel

Fröhliche Lichterketten

aus verschiedenen Materialien

Die Beschreibung
des Modells von
Seite 1 finden
Sie auf Seite 20.

Fotos: frechverlag GmbH, 70499 Stuttgart;
Fotostudio Ullrich & Co., Renningen

Dieses Buch enthält:
1 Vorlagenbogen

Auflage: 5. 4. 3. 2. 1. | Letzte Zahlen
Jahr: 2007 2006 2005 2004 2003 | maßgebend

frechverlag GmbH, 70499 Stuttgart

ISBN 3-7724-3138-0 · Best.-Nr. 3138 Druck: frechdruck GmbH, 70499 Stuttgart

Licht ist Leben –

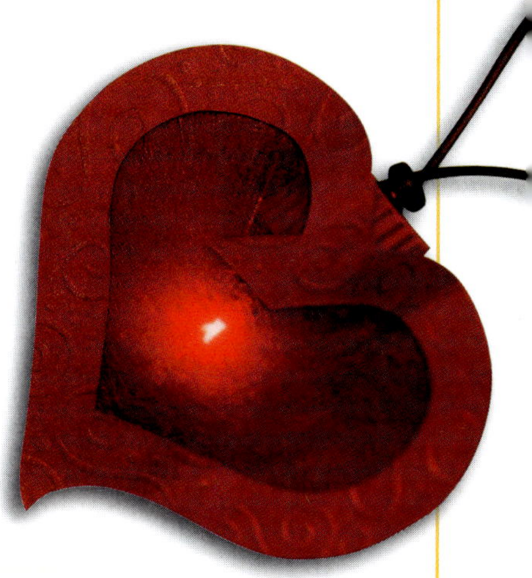

und damit es bei Ihnen zu Hause so richtig „lebendig“ wird, stellen wir Ihnen unsere Ideen vor. Verzaubern Sie Ihr Heim mit stimmungsvollen Lichterketten.

Mit unseren vielen Gestaltungsideen fertigen Sie auf schnelle und einfache Art superschöne Lichtquellen zu unterschiedlichen Anlässen.
Ob Herzen fürs romantische Date, chinesische Faltlampions zur Grillparty oder freche Clowns zur Kinderfete – auch Sie werden sicher Ihre Favoriten finden.

Schaffen Sie sich eine unvergleichliche Atmosphäre mit den von Ihnen selbst gemachten Lichterketten.
Wir wünschen Ihnen viel Spaß dabei!

Ihre

Marion Vogel

Martina Schröder

Die wichtigsten Materialien und Hilfsmittel

- Lichterketten mit 10 Birnchen
- Verschiedene Papiere
- Moosgummi
- Mobilefolie
- Windowcolor-Konturenfarbe
- Windowcolor
- Sizoflor
- Teilbare Kunststoffkugeln
- Satinierfarbe
- Stupfschwammpinsel
- Kristalleis
- Acrylmattfarbe
- Glitter- und Linerpen
- Schleifenbänder
- Heißkleber
- UHU Alleskleber Kraft
- Klebefilm
- Bleistift

Genaue Materialangaben finden Sie bei den einzelnen Motiven. Lichterketten und Klebstoffe werden in den einzelnen Materiallisten nicht mehr aufgeführt.

So wird's gemacht

Windowcolor

Vorlage unter die Mobilefolie legen, Konturen mit der Konturenfarbe aufmalen. Nach dem Trocknen die einzelnen Felder ausmalen und nach einer Trocknungszeit von ca. 8-10 Stunden die Motive konturennah ausschneiden und weiter verarbeiten.

Satinieren

Satinierfarbe mit einem Stupfschwammpinsel auf das angegebene Material aufstupfen und nach Bedarf in die noch feuchte Farbe Kristalleis oder Glimmer streuen. Trocknungszeit beachten!

Schablonen für Tonkarton und Moosgummi

Alle Teile des Motivs mit Schreibmaschinen- oder Tonpapier vom Vorlagenbogen ohne Überschneidung abpausen, sorgfältig ausschneiden – die Schablonen sind fertig! Schablone auf das gewünschte Material legen, Umrisse mit Bleistift nachziehen und alles ausschneiden. Teile gemäß Vorlage und Abbildung zusammenkleben.

Ganz wichtig

Bei beidseitig gearbeiteten Motiven wird die Schablone für die Rückseite vor dem Aufzeichnen gewendet! Das Motiv wird also einmal seitenrichtig (auf Vorlagenbogen „sr") und einmal seitenverkehrt („sv") ausgeschnitten.

Die Aufhängung der Motive Schritt für Schritt erklärt

1. Zehn Wellpappestreifen (2 cm x 20 cm, Wellenverlauf senkrecht!) und alle Motivteile zuschneiden und zusammenkleben.

2. Ein Ende des Wellpappestreifens an den Lämpchenhals kleben, den Rest darum wickeln und das Ende fixieren. Nun das Motiv beidseitig ankleben. Aber bitte nie den Heißkleber direkt auf die Lichterkette geben, sondern immer nur auf das jeweilige Bastelmaterial auftragen.

Unser Tipp

Verwenden Sie bitte zu Ihrer eigenen Sicherheit nur GS-geprüfte Lichterketten und lassen Sie diese nicht unbeaufsichtigt brennen!

Leuchte, Käferlein, leuchte!

Alle Teile gemäß Vorlage ausschneiden. Die Faserseide mit Alleskleber hinter die Körperteile kleben und die Flügel, Augen und Nase mit Heißkleber fixieren. Die Wellpappestreifen (2 cm x 20 cm) mit Heißkleber um die Lämpchen kleben. Nun darauf beidseitig zwei Marienkäfer deckungsgleich anbringen und die Flügel- und Schwanzspitze zusammenkleben.
Geben Sie auf die Blütenmitten Plusterfarbe und plustern Sie diese gemäß Herstellerangabe auf. Auf das Kabel zwischen die Käfer deckungsgleich zwei Blüten und ein Blatt kleben.
Und schon können die Käfer der Frühlingszeit entgegen leuchten.

Material

- Tonkarton 50 cm x 7(schwarz
- Tonkarton hellgrün u weiß
- Tonkarton Marienkäf(druck
- Faserseide A3: rot
- Wellpappe 20 cm x 2(schwarz

Unser Tipp

Sollten Sie keinen Marienkäfer-Tonkarton bekommen, nehmen Sie roten und malen mit einem schwarzen Stift Punkte auf.

Happy Flowers

Abbildung und Material Seite 8

Mit dieser Lichterkette wird jede Sommerparty zum unvergesslichen Ereignis!

Die Wattekugeln auf Zahnstocher pieksen, mit Satinierfarbe betupfen und auf die noch feuchte Farbe Streuglimmer geben. Die Aufhängeösen der Kugelhälften abbrechen, ebenfalls mit der Farbe betupfen, Streuglimmer aufstreuen und alles trocknen lassen.
Die Blumen nach Vorlage ausschneiden und die Wellpappestreifen (2 cm x 20 cm) um die Lämpchen kleben. Nun je zwei zusammengehörende Kugelhälften unterhalb der Wellpappe um das Lämpchen legen. Den unteren Kugelrand passgenau mit Heißkleber fixieren und den oberen Rand zusammengedrückt an die Wellpappe kleben. Die leichte Öffnung der Kugel ist später von den Blütenteilen verdeckt. An die Ausschnittränder der beiden großen Blüten für Vorder- und Rückseite hinten einige Klebepunkte geben und dann auf die Kugel schieben. Blüten unten miteinander verkleben. Jeweils ein Stück Efeu-Girlande (22 cm) um die Ausschnittränder kleben und je eine kleinere Blüte aufkleben. Die Wattekugeln von den Zahnstochern nehmen und je eine mittig auf eine kleine Blüte kleben. Umwickeln Sie den Abstand zwischen den einzelnen Lämpchen mit Efeugirlande (15 cm) und kleben Sie darauf deckungsgleich von vorne und von hinten eine Blüte.

luster-/
inerpen:
elb

0 Wackel-
ugen,
7 mm

0 Pompons,
1 cm: rot

lagen-
gen A

Happy Flowers

Beschreibung Seite 6

Material

- Tonkarton, A4, 5 x mit Spiralen, 5 x kariert: rosa/w
- Wellpappe, 20 cm x 20 cm:
- 10 teilbare Kunststoffkugelr ø 5 cm
- 22 Wattekugeln, ø 1,5 cm:
- Mini-Efeugirlande, 6,05 m l
- Satinierfarbe: frost (weiß)
- Streuglimmer: weiß irisieren
- Stupfschwammpinsel
- 22 Zahnstocher

Vorlagenbogen A

Flammende Herzen

Beschreibung Seite 10

Flammende Herzen

Abbildung Seite 9

Material

- Geprägter Tonkarton mit Spiralen, 50 cm x 70 cm: rot
- Wellpappe, 20 cm x 20 cm: rot
- Sizoflorband, 8 cm breit, 4 m lang: rot
- Acryl-Mattfarbe: gold
- Stupfpinsel
- Küchenkrepp

Vorlagenbogen A

Die Herzen aus rotem Prägekarton und die Mittelstücke aus rotem Sizoflor zuschneiden. Kleben Sie die Mittelstücke mit Alleskleber doppelt hinter die Herzen. Tränken Sie den Stupfpinsel in etwas goldener Farbe und streichen Sie ihn dann sehr gründlich auf einem Küchenkrepp aus, bis kaum noch Farbe im Pinsel ist. Bürsten Sie mit dem Pinsel über den Prägekarton und bringen Sie so den goldenen Hauch auf.
Nun die Wellpappestreifen (2 cm x 20 cm) mit Heißkleber um die Lämpchenhälse kleben, beidseitig die Herzen deckungsgleich darauf kleben und die Spitzen der Herzen aneinander kleben.

Schon ist Ihre Lichterkette fertig und Sie können mit ihr so manche „herzige" Stunde verzaubern.

Hungrige Mümmelmänner

Malen Sie die Hasenköpfe mit Window-Color auf die Mobilefolie und schneiden Sie sie nach dem Trocknen mit einer Schere konturennah aus.
Legen Sie je Hasenkopf eine Schleife aus dem Taftband, umwickeln Sie diese in der Mitte zweimal mit Bindedraht, raffen Sie je ein Stück Karoband zusammen, legen Sie dieses vor die Schleife, mit dem Bindedraht zweimal fest umwickeln und die Drahtenden hinter der Schleife verdrehen, Rest abschneiden. Nun ziehen Sie mit Hilfe der Nadel je ein Stück Satinband durch den Hasenhals (Markierung Vorlage) und knoten dort die Schleife ein. Auf die Enden je eine Holzperle ziehen und verknoten.
Die Wellpappestreifen (2 cm x 20 cm) mit Heißkleber um die Lämpchenhälse kleben und beidseitg zwei Hasenköpfe deckungsgleich hinter dem Schopf an die Wellpappe kleben. Kleben Sie auch die Ohrenspitzen und den Hals aneinander. Knoten Sie mit dem restlichen Satinband die Deko-Möhren zwischen den Hasenköpfen an das Kabel, an den Enden ebenfalls Holzperlen aufziehen.

Schon steht einem heiteren Osterfest mit ganz vielen leckeren Ostereiern nichts mehr im Wege!

Material

- 4 Mobilefolien 33 cm x 45 cm 0,2 mm stark
- Windowcolor: braun, hellgrü[n] orange und we[iß]
- Konturenfarbe schwarz
- Wellpappe, 20 x 20 cm: hellg[rün]
- Taftband, 25 m[m] breit, 4,80 m l[ang] (für 20 Stücke 24 cm lang): orange
- Karoband, 40 [mm] breit, 1,10 m la[ng] (für 20 Stücke 5,5 cm lang: orange-weiß

- Satinband, 3 mm breit, 8,06 m lang (für 31 Stücke je 26 cm lang): hellgrün
- 62 Holzperlen, ø 6 mm: orange
- 11 Deko-Möhren, 10 cm hoch
- Dicke Nähnadel
- Bindedraht, ø 0,25 mm: grün

orlagen-
gen A

Einfach tierisch gut drauf!

Malen Sie die Elefanten (2 x blau, 2 x rot, 1 x grün) und die Enten (5 x gelb) mit Windowcolor auf die Mobilefolie und schneiden Sie sie nach dem Trocknen mit einer Schere konturennah aus. Kleben Sie die farblich passenden Wellpappestreifen mit Heißkleber um die Lämpchen und fixieren Sie beidseitig ein Tier deckungsgleich mit Heißkleber an der Wellpappe. Die Entenbäuche und Elefantenbeine zusammenkleben.

Mit diesem superschönen Einschlaflicht ist das Zubettgehen noch tausendmal schöner als sonst!

Material

- 2 Mobilefolien, 33 cm x 45 cm, 0,2 mm stark
- Windowcolor: blau, grün, rot, gelb, orange und weiß
- Konturenfarbe: schwarz
- Wellpappe, 10 cm x 20 cm: gelb
- Wellpappe, 4 cm x 20 cm: rot und blau
- Wellpappe, 2 cm x 20 cm: grün

Vorlagenbogen A

Clownerien

Brechen Sie die Aufhängeösen der Kugelhälften ab und setzen Sie immer ein Lämpchen bis zum Kabelansatz zwischen zwei passende Hälften. Den unteren und den oberen, etwas offen stehenden Rand, fixieren Sie mit Klebefilm. Nun legen Sie ein Stück Krepppapier (20 cm x 25 cm, an den beiden längeren Seiten 5 cm fransig eingeschnitten) oben überlappend um die Kugel und fassen die Fransenseiten mit Bindedraht zu „Zöpfen" zusammen. Fixieren Sie die Wackelaugen, die Pomponnase und den Mund.

Material

- 10 teilbare Kunststoffkugeln, ø 10 cm
- Krepppapier: orange (5 Stücke, 20 cm x 25 cm) und hellgrün (5 Stücke, 20 cm x 25 cm, 5 Stücke, 8 cm x 20 cm)
- Wellpappe, 12,5 cm x 55 cm: schwarz
- Tonkartonreste: weiß und schwarz
- 20 Wackelaugen mit Wimpern, ø 1,5 cm
- 10 Pompons, ø 1 cm: rot
- Wasserfester Stift: rot
- Bindedraht
- Transparenter Klebefilm

Vorlagenbogen A

Für die Clownin fassen Sie ein hellgrünes Stück Krepppapier (8 cm x 20 cm) mit Bindedraht zusammen und kleben es als Haarschleife auf. Schneiden Sie für den Zylinder fünf Wellpappestreifen (2,5 cm x 55 cm) zu, rollen Sie diese auf und fixieren Sie das Ende mit Heißkleber. Den kleinen schwarzen Kreis oben darauf und den großen unten darunter kleben. Nun noch die Zylinder auf die frechen Clownsköpfe setzen.

Die witzig-frechen Gesichter werden für viel Stimmung sorgen!

Chinalaternen „Happy Year"

Anleitungen Seite 18

Chinalaternen „Happy Year"

Schneiden Sie die Wellpappe in Rechtecke (10 cm x 12 cm, s. Vorlage), falzen Sie sie und schneiden Sie die Pappe immer im Abstand von zwei Wellen ein.
Bei diesen Laternen benötigen Sie für das Umwickeln der Lämpchen je einen längeren Streifen Wellpappe (2 cm x 65 cm). An diesem fixieren Sie den oberen Rand (7 cm) des Transparentpapiers (7 cm x 12 cm), welches Sie als Röhre darum legen. Nun kleben Sie die Wellpappe auch zur Röhre zusammen und stecken diese dann auf das Transparentpapier. Die Wellpappe dabei so weit zusammenschieben, bis die beiden unteren Ränder übereinander liegen.
Alles noch mit Heißkleber fixieren und schon können Sie mit der Jahreszeitengestaltung der Lichterkette beginnen!

Material

- Wellpappe, 50 cm x 70 cm: hellgrün
- Transparentpapier, 50 cm x 60 cm: Regenbogen

Vorlagenbogen B

Erstes Flattern

Schneiden Sie alle Teile aus, kleben Sie die Schmetterlinge nach Vorlage zusammen, bringen Sie die Zierlinien mit dem Glitterpen auf und fixieren Sie nach dem Trocknen beidseitig einen Schmetterling deckungsgleich auf einer Holzklammer.

Material

- Tonpapier, 50 cm x 70 cm: blau
- Tonpapier, A4: gelb
- Faserseide, 50 cm x 70 cm: hellgrün
- Glitterpen: grün
- 9 Mini-Holzklammern, 45 mm x 7 mm

Vorlagenbogen B

Sonnenblumen

Schneiden Sie alle Teile aus und kleben Sie sie nach Vorlage zusammen. Achten Sie darauf die zweite Blüte etwas versetzt aufzubringen. Um die braune Blütenmitte setzen Sie mit dem Pluster-/Linerpen Punkte, die aber nicht aufgeplustert werden.
Bringen Sie die Zierlinien mit dem schwarzen Stift und dem Glitterpen auf und kleben Sie beidseitig ein getrocknetes Motiv deckungsgleich auf die Klammern.

Material

- Tonkarton, 50 cm x 70 cm: hellgrün
- Tonkarton, A4: hellbraun
- Faserseide, 50 cm x 70 cm: gelb
- Glitterpen: grün
- Pluster-/Linerpen: orange
- Wasserfester Stift: schwarz
- 9 Mini-Holzklammern, 45 mm x 7 mm

Vorlagenbogen B

Kürbiskopf

Kleben Sie die Kürbisse nach Vorlage zusammen und bemalen Sie sie. Nach dem Trocknen kleben Sie beidseitig einen Kürbis deckungsgleich auf die Klammern.

Material

- Tonkarton, A3: orange und schwarz
- Tonkarton, A4: hellgrün
- Terrakottastift: gelb
- Glitterpen: grün
- Wasserfester Stift: schwarz
- 9 Mini-Holzklammern, 45 mm x 7 mm

Vorlagenbogen B

Schneemann

Kleben Sie die Schneemänner nach Vorlage zusammen und bringen Sie alle Zierlinien mit dem schwarzen Stift auf. Abschließend beidseitig einen Schneemann deckungsgleich auf die Holzklammern kleben.

Unser Tipp

Wenn Sie kein Moonrockpapier bekommen, nehmen Sie weißen Tonkarton und bringen Plusterfarbe auf.

Material

- Tonkarton, 50 cm x 70 cm: weiß
- Tonkarton, A3: hellgrün
- Tonkarton, A5: orange
- Moonrockpapier, A4: weiß
- Wasserfester Stift: schwarz
- 9 Mini-Holzklammern, 45 mm x 7 mm

Vorlagenbogen B

Sternennebel

Abbildung auch Seite 1
(Variante 1)

Lochen Sie die nach Vorlage zugeschnittenen Laternenschirme an den beiden Außenrändern mit dem Motivlocher. Alternativ können die Sterne auch mit einem Cutter ausgeschnitten werden.
Tragen Sie mit dem Glitterpen Sternenkonturen und Zierpunkte auf. Nach dem Trocknen auf der Innenseite einen Streifen Fotofilm auf die Kante kleben und den Schirm trichterförmig um den Lampenhals kleben. Achten Sie darauf, dass der obere Abschluss am Kabel so eng wie möglich gehalten wird, so kann der Schirm nicht herunterrutschen.
Schon erstrahlt der Sternennebel in mystischem Glanz.

Material

- Transparentpapier, 20 cm x 50 cm: Sternennebel
- Glitterpen: gold
- Motivlocher: Stern
- Fotofilm, doppelseitig klebend: transparent

Vorlagenbogen A

Material

- Transparentpapier mit Spiralen, 20 cm x 50 cm: blau
- Glitterpen: blau
- Rosenblattgirlande, 2 m lang: blau
- Fotofilm, doppelseitig klebend: transparent
- Büttenrandschere

Vorlagenbogen A

Einfach prima

(Variante 2)

Die Grundform arbeiten Sie wie bei Variante 1. Die beiden Außenkanten erhalten einen Büttenrand und das Muster des Transparentpapiers malen Sie mit dem Glitterpen an einigen Stellen nach. Wickeln Sie zum Abschluss noch die blaue Rosenblattgirlande um das Kabel. Einfach prima erstrahlt diese Kette ganz schnell!

Blubb, blubb, blubb ...

Schneiden Sie alle Teile aus und kleben Sie das Transparentpapier mit Alleskleber hinter die Fische. Bringen Sie die Wackelaugen und alle Zierlinien auf. Die Wellpappestreifen (2 cm x 20 cm) um die Lampenhälse kleben und die an Bauchflosse und unterer Schwanzflosse deckungsgleich zusammengeklebten Fische daran fixieren. Zwischen die Fische kleben Sie beidseitig einen Seestern deckungsgleich auf das Kabel.

Und nun auf zum großen Fischen – blubb, blubb, blubb!

Material

- 2-3 Bogen Tonkarton, 50 cm x 70 cm: Regenbogen mit großem Farbanteil in Gelb-Grün-Blau und Gelb-Orange
- Transparentpapier, A3: gelb
- Wellpappe, 20 cm x 20 cm: blau
- 20 Wackelaugen, ø 7 mm
- Wasserfester Stift: schwarz

Vorlagenbogen B

Material

- Tonkarton, 50 cm x 70 cm: Kuhdruck
- Tonkarton, A3: hellgrün
- Transparentpapier, A3: rosa
- Wellpappe, 20 cm x 20 cm: weiß
- 40 Wackelaugen mit Wimpern, ø 1 cm
- Wasserfester Stift: schwarz

Vorlagenbogen B

Muh ...

Schneiden Sie alle Teile aus und kleben Sie das Transparentpapier mit Alleskleber hinter den Gesichtsausschnitt.
Nun die Konturen der Kleeblätter und die Nasenlöcher mit schwarzem Stift aufmalen. Setzen Sie die einzelnen Motivteile zusammen und bringen Sie die Wackelaugen an.
Nun die Wellpappestreifen (2 cm x 20 cm) mit Heißkleber um die Lämpchenhälse kleben und beidseitig einen Kuhkopf deckungsgleich aufkleben. Kleben Sie die untere Kante des Kleeblattes und des Schnäuzchens zusammen.
Nun noch zwei größere Kleeblätter von vorne und von hinten deckungsgleich auf das Kabel zwischen die Kuhköpfe setzen und die Mühe hat sich gelohnt, denn diese Kühe sind bestimmt die glücklichsten der Welt!

Material

- 10 teilbare Kunststoffkugeln, ø 5 cm
- Krepppapier: weiß
- Tonkartonrest: schwarz
- 20 ovale Wackelaugen, 7 mm x 12 mm
- Chenilledraht, 10 x 50 cm lang: weiß
- Deko-Spinnengirlande
- Klebefilm
- Zackenschere

Vorlagenbogen B

Schneiden Sie mit der Zackenschere zehn Quadrate (10 cm x 10 cm) aus dem Krepppapier und schneiden Sie genau in die Mitte ein kleines Loch. Stecken Sie jetzt auf jedes Lämpchen ein Quadrat. Brechen Sie die Aufhängeösen der Kugelhälften ab und setzen Sie immer ein Lämpchen bis zum Kabelansatz zwischen zwei passende Hälften. Den unteren und den oberen, etwas offen stehenden Rand, fixieren Sie mit Klebefilm.

Jedes Ende des Chenilledrahtes knicken Sie 13 cm zur Mitte um und verdrehen die Mitte. Nun legen Sie das Krepppapier über die Kugel, fassen es unter ihr zusammen und wickeln den Chenilledraht einmal herum, sodass zwei Arme von ca. 6 cm Länge an jeder Seite entstehen.
Die „Hände" der leuchtenden Gespenster können Sie nach Lust und Laune biegen. Nun noch die Wackelaugen und den frechen Mund aufkleben. Wir haben um das Kabel eine Deko-Spinnengirlande gewickelt, so wirkt alles noch etwas gespenstischer.

Jetzt kann der Gruselspaß beginnen!

Drachenlachen

Die aus dem Transparentpapier zugeschnittenen Drachen an den angegebenen Linien falzen und mit Fotofilm zusammenkleben. Zehn Holzperlen mit einem Seitenschneider halbieren und mit Heißkleber als Nasen aufkleben. Auch die Wackelaugen und den Mund fixieren und mit schwarzem Stift die Zierlinien aufbringen.
Für die Verzierung der Wellpappestreifen (2 cm x 20 cm) brauchen Sie einen 4 cm x 20 cm großen Streifen Krepppapier, welchen Sie hinter die Wellpappe kleben. Das überstehende Krepp mit einem Cutter in Fransen schneiden und nun den Streifen mit Heißkleber um den Lämpchenhals kleben.
Fixieren Sie nun die Drachen. Für die Ohren und die Schwanzschleifen benötigen Sie fünf Krepppapierstücke (4 cm x 4 cm). Für den Schwanz kleben Sie ein Stück Satinband (20 cm lang) mit einer roten Holzperle auf die Schwanzspitze und binden drei Kreppschleifen ein.
Die Ohrschleifen binden Sie mit je einem 5 cm langen Stück Satinband zusammen und fixieren diese am Drachen.

Und schon verzaubern Sie so manchen Raum mit strahlendem Drachenlachen.

Material

- Transparentpapier, 50 cm x 60 cm: Regenbogen
- Krepppapierreste: beliebige Farben
- 20 Holzperlen, ø 12 mm: rot
- 40 ovale Wackelaugen, 15 mm x 10 mm
- Satinband, 3 mm breit, je 1 m lang: orange, grün und blau
- Bindedraht
- Fotofilm, doppelseitig klebend: transparent
- Wasserfester Stift: schwarz
- Seitenschneider

Vorlagenbogen B

Sterne in der Nacht

Material

- 1-2 Bogen Tonkarton, 50 cm x 70 cm: Regenbogen mit großem Farbanteil in Gelb-Orange
- Faserseide, 50 cm x 70 cm: gelb
- Wellpappe, 20 cm x 20 cm: gelb

Vorlagenbogen A

Die Sterne werden aus den gelb-orangefarbenen Stellen des Regenbogenkartons ausgeschnitten. Die Sternenmitte aus gelber Faserseide kleben Sie mit Alleskleber hinter die Konturen. Nun die Wellpappestreifen (2 cm x 20 cm) mit Heißkleber um die Lämpchenhälse kleben. Beidseitig einen Stern deckungsgleich dagegen setzen und die beiden unteren Sternenzacken zusammenkleben. Die Sterne in der Nacht kann man toll in einer großen Zimmerpflanze dekorieren.
Na dann, einen charmanten Abend zu zweit!

Material

- Moosgummi, 30 cm x 45 cm, 2 mm stark: 2 x braun, 1 x grün
- Mobilefolie, 33 cm x 45 cm, 0,2 mm stark
- 40 Holzperlen, ø 5 mm: schwarz
- Kristalleis: orange
- Satinierfarbe: gelb
- Pluster-/Linerpen: weiß und rot
- Glitterpen: gold
- 60 Wattekugeln, ø 12 mm
- Acryl-Mattfarbe: rot
- 60 Zahnstocher
- Stupfschwammpinsel

Vorlagenbogen B

Knusper, knusper ...

Abbildung Seite 32

Schneiden Sie die Mobilefolie zu, betupfen Sie diese mit der Satinierfarbe und streuen Sie sofort das Kristalleis darauf. Trocknen lassen! Nun alle Moosgummiteile ausschneiden und die Blätter mit dem Glitterpen und die Lebkuchenmännchen mit dem Pluster-/Linerpen bemalen. Setzen Sie in die noch feuchten weißen Augenpunkte die schwarzen Halbperlen. Nach dem Trocknen fixieren Sie die Mobilefolie hinter den Männchen. Kleben Sie dann beidseitig eine Figur deckungsgleich an den Beinen entlang des Moosgummirandes zusammen. Nun fixieren Sie das Lämpchen zwischen den beiden Kopfseiten, sodass das Licht die Mobilefolie erleuchtet. (Bei dieser Lichterkette werden keine Wellpappestreifen geklebt!) Stecken Sie die Wattekugeln auf die Zahnstocher und streichen Sie diese rot. Nach dem Trocknen kleben Sie zwei Blätter gegengleich auf das Kabel und setzen auf jede Seite drei rote Wattekugeln.
Nun kann die leckere Adventszeit beginnen!

Unser Tipp

Faserseide lässt sich prima mehrlagig schneiden. Dafür mit einem Hefter mehrere Lagen Faserseide an zwei Stellen zusammenheften, sodass diese beim Schneiden nicht verrutschen können.

Knusper knusper ...

Anleitung Seite 31